Vente du Mercredi 28 Février 1877

SALLE N° 4

BIJOUX ANCIENS

EXPOSITION PUBLIQUE : le Mardi 27 Février 1877

DE UNE HEURE A CINQ HEURES.

COMMISSAIRE-PRISEUR,	EXPERT,
Me CHARLES PILLET,	M. CHARLES MANNHEIM,
10, rue de la Grange-Batelière.	7, rue Saint-Georges.

CATALOGUE

DE

BIJOUX ANCIENS

TELS QUE :

Colliers, Plaques de corsages, Pendants d'oreilles, Broches,
Bagues, Épingles de coiffures, en or émaillé enrichi de perles fines, en argent doré,
en filigrane d'argent doré, enrichis de pierreries et de stras;

PETIT BUSTE DE FEMME EN CALCÉDOINE; CRISTAUX DE ROCHE;
Miniatures; Émaux et Camées.

DONT LA VENTE AURA LIEU

HOTEL DROUOT, SALLE N° 4

Le Mercredi 28 Février 1877

A DEUX HEURES PRÉCISES.

Par le ministère de Me **CHARLES PILLET**, Commissaire-Priseur
10, rue de la Grange-Batelière,

Assisté de **M. CHARLES MANNHEIM**, Expert, 7, rue Saint-Georges.

Chez lesquels se trouve le présent Catalogue

EXPOSITION PUBLIQUE : Le Mardi 27 Février 1877
De une heure à cinq heures.

CONDITIONS DE LA VENTE

Elle sera faite au comptant.

Les acquéreurs payeront en sus des adjudications, *cinq pour cent* applicables aux frais.

L'exposition mettant le public à même de se rendre compte de l'état des objets, il ne sera admis aucune réclamation une fois l'adjudication prononcée.

Paris. — Typ. PILLET et DUMOULIN, 5, rue des Grands-Augustins.

DÉSIGNATION DES BIJOUX

1 — Petit buste de femme en calcédoine blanche, avec voile en bronze doré et monté sur socle en jaspe avec embase en bronze doré. Le buste date du XVIe siècle.

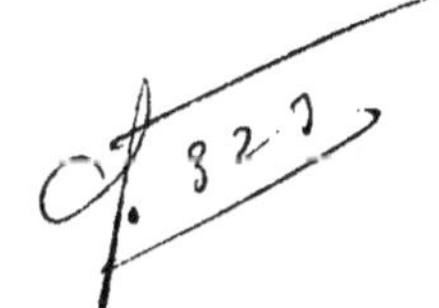

2 — Petite coupe forme coquille, en cristal de roche gravé, sur piédouche.

3 — Petite coupe à lobes du XVIe siècle, en cristal de roche avec monture émaillée.

4 — Petit vidrecome en cristal de roche gravé, sur piédouche.

5 — Petit plateau oblong à côtes, en cristal de roche.

6 — Médaillon ovale en or, à torsade émaillée noir et blanc. Il contient une peinture sur émail représentant la Vierge et l'Enfant Jésus vus à mi-corps.

7 — Peinture en émail de forme ovale, et représentant un sujet allégorique de l'Abondance.

8 — Peinture sur émail et sur or, de forme ovale : Jupiter et Junon.

9 — Portrait d'homme peint sur émail et sur or. Signé P. Roys, 1682.

10 — Broche en or et demi-perles, ornée d'une peinture sur émail représentant un groupe de figures.

11 — Deux camées ovales sur sardonix, montés en or : Tête de femme et tête de Psyché.

12 — Deux cachets en or du temps de Louis XV, ornes d'intailles.

13 — Bracelet à maillons d'or et boules de malachite.

14 — Médaillon de col en or, enrichi d'une peinture sur émail : l'Amour captif.

15 — Autre médaillon en or émaillé, enrichi de demi-perles et de roses.

16 — Quatre pièces dont trois en argent : agrafe de manteau, boucle ornée de stras, cachet tournant et mosaïque de Rome.

17 — Collier en argent doré et jais.

18 — Collier en filigrane d'or, enrichi de pierres fausses
et d'agates herborisées.

19 — Deux pendants d'oreilles, formés de corbeilles de
fleurs en or, perles fines et pierreries.

20 — Petite cassolette en forme de panier, en or ciselé, à
fleurs et enrichie de turquoises.

21 — Montre à répétition en or à double boîte. Le boîtier
extérieur est ciselé, à figures et ornements, et repercé
à jour.

22 — Pendant de col Louis XIII, en or émaillé, à fleurs
et rinceaux, enrichi d'émeraudes et de perles fines.

23 — Broche formée d'une gerbe de fleurs en or émaillé
noir et perles fines.

24 — Deux très-grands pendants d'oreilles en or, perles
fines et pierreries.

25 — Quatre broches et deux dormeuses formées de rosaces en perles fines et or, et montées en argent
doré.

26 — Deux petites broches de même travail.

27 — Deux plaques de corsage, deux pendants d'oreilles et deux coulants ornés de rosaces et d'ornements en perles fines montées sur or.

28-30 — Neuf bagues montées de pierreries. Ce lot sera divisé.

31 — Collier avec pendentif en or émaillé et perles fines. Epoque Louis XIII.

32 — Deux pendants d'oreilles et un bijou de col en or émaillé noir et blanc, enrichis de perles fines et de pierreries. Époque Louis XIII.

33 — Boucles d'oreilles, anneaux en or, roses et perles fines.

34 — Pendants d'oreilles en or, travaillés au grènetis, et enrichis de perles fines.

35 — Quatre paires de pendants d'oreilles en or, perles et pierreries.

36 — Plaque de corsage en or à ornements découpés à jour et enrichie de rubis.

37 — Plaque de corsage et deux pendants d'oreilles de même travail.

38 — Grande plaque de corsage et deux pendants d'oreilles en argent et marcassites, modèle à rubans.

39 — Deux pendants d'oreilles de même travail.

40 — Demi-parure en or et stras : Saint-Esprit et ornements.

41 — Deux pendants d'oreilles formés de grands anneaux en or et perles fines.

42 — Deux pendants d'oreilles incomplets, en or, émerandes et roses.

43 — Deux plaques de bracelets du temps de Louis XVI, en or, découpé à jour sur fond bleu.

44 — Deux pendants en or gravé et pierreries.

45-48 — Quatre colliers en argent doré. Travail italien filigrané et au grènetis.

49 — Collier et deux pendants d'oreilles en argent ciselé repercé à jour et doré en partie, à ornements et corbeilles de fleurs.

50 — Collier et deux pendants d'oreilles en filigrane d'argent doré et pierreries.

51 — Bijou pendentif et pendants d'oreilles en or gravé,
repercé à jour et enrichi de roses.

52 — Deux paires de pendants d'oreilles de même travail
que la parure qui précède.

53 — Grand bijou pendentif et deux longues boucles
d'oreilles en or gravé, découpé à jour et taillé à
facettes.

54 — Collier à deux rangs et terminé par deux grandes
plaques en argent estampé et doré.

55 — Deux plaques de bracelets ornées de miniatures at-
tributs entourées de bandes émaillées à fond bleu.

56 — Plaque de collier avec pendentif orné d'un cœur
enflammé en filigrane d'or.

57-58 — Dix paires de pendants d'oreilles en or de formes
variées. Ce lot sera divisé.

59 — Quatre paires pendants d'oreilles en argent, dont
trois paires dorées.

60 — Bague d'or ornée d'un camée sur malachite. Tête de
Pâris.

61 — Bague Louis XV en or; le chaton est orné d'une
miniature, portrait d'homme, entourée de petits rubis.

62 — Bague Louis XV ornée d'une miniature, portrait de femme. Monture en or.

63 — Bague Louis XIII en or, à rubans émaillés blanc et rubis.

64 — Bague du xvie siècle en argent doré avec chaton orné d'un grenat.

65 — Bague en or ciselé et émaillé en partie ; le chaton est orné d'une intaille sur sardoine.

66 — Bague en or à rosace émaillée noir et blanc avec perle au centre. Epoque Louis XIII.

67 — Bague Louis XV en or avec chaton orné d'un saphir clair.

68 — Bague ornée d'un nicolo : Amour debout tenant un papillon d'une main et de l'autre un flambeau.

69 — Bague en or pavée d'émeraudes.

70 — Bague en or, ornée d'une agate figurée.

71 — Deux bagues d'or ornées d'intailles.

72 — Bague d'or ornée de six petites émeraudes fines et d'une fausse.

73 — Châtelaine en argent et stras.

74 — Quatre épingles de coiffure en argent doré, perles fines et émeraudes fausses.

75-77 — Quatorze épingles de coiffure en argent et pierreries.

78 — Deux épingles de coiffure à rosaces émaillées et marcassites.

79 — Sept épingles de coiffure à rosaces en stras.

80 — Trois petits peignes avec garnitures d'argent et stras.

81 — Aigrette en argent doré et émeraudes fausses.

82 — Deux broches ou aigrettes en argent ornés de stras et de pierres imitant l'opale.

83 — Médaillon ovale en argent enrichi d'une miniature et de stras.

84 — Deux pendants d'oreilles et un pendant en marcassites et coques de perles.

85-90 — Quantité de bijoux en stras et montés en argent tels que : colliers, pendants d'oreilles, médaillons, etc.

91 — Trois épingles de coiffure et une broche ornée de
grenats.

92 — Vingt-un boutons à rosaces en acier poli.

93 — Quatorze boutons en argent doré, taillé à rayons et
à rosaces rapportées en acier poli.

94 — Dix-sept boutons, dont dix en acier bleui et sept en
acre.

95 — Trois peignes, dont un en argent doré émaillé à
froid et enrichi de pierreries, un autre orné de grenats
et le troisième orné de stras.

96 — Deux épingles de coiffure formées de boules en argent émaillé bleu et enrichies de rubis et de demi-
perles.

97 — Miniature sur vélin, portrait de femme en costume
italien du xvi^a siècle; cadre vénitien en bronze doré.

98 — Petite miniature ovale à l'huile, scène champêtre
dans la manière de Boucher.

99 — Quatre miniatures sur ivoire. Tête d'homme du
temps de Louis XV et portraits du prince Frédéric de
Hesse, du duc d'Oldembourg et de Guillaume IV.